Martin Walser · Fisch und Vogel lassen grüßen

AF198627

FSC
www.fsc.org

MIX

Papier aus ver-
antwortungsvollen
Quellen
Paper from
responsible sources

FSC® C105338

Martin Walser

Fisch und Vogel lassen grüßen

Hiesige Gedichte

KLAUS ISELE EDITOR

Dieses Buch erscheint bei KLAUS ISELE · EDITOR

Eggingen, 2023

Umschlagmotiv: adobestock.com

© Martin Walser, Nußdorf

www.klausisele.de

Wir danken dem Rowohlt Verlag
für die Erlaubnis, die hiesigen Gedichte
Martin Walsers in dieser Ausgabe
zu veröffentlichen.

Herstellung und Verlag:
BoD – Books on Demand, Norderstedt
ISBN 978-3-7494-0616-6

Schwimmen heißt glauben, dass man es kann.

M. W.

Biographie

Bei meiner Geburt starben drei Mütter. Im Parterre
jauchzten die Messer vor Freude. Zirka vierzehn
Zungen fand man in meinem Mund vor, als man sich,
nach meinem ersten Schrei, verwundert über
mich beugte. Mein Vater begann mich zu interpretieren.

Im Beichtstuhl griff mir der Pfarrer in den Schlund
und hatte von den zarten Zünglein gleich zirka drei
ausgerissen. Ich werde sie verbrennen, sagte er und
absolvierte mich.

Ich schwor den ersten Eid und war um eine Zunge ärmer.
Ich bedankte mich für ein Stück Brot, das man mir
schuldig war, und zahlte obendrein mit einer Zunge.

Auf Deiner Haut gedeihen meine Träume, sagte ich
nachts zu einer, die arm an Zungen war. Schon
fror ich im Kopf, verspürte jene Leere, die
ich immer spüre, wenn ich eine Zunge lassen muss.

Solche Sätze lockten mir diverse Frauen dann im Winter
und im Sommer aus dem Mund und nahmen jedes Mal ein
Zünglein mit; dass sie damit was anfangen konnten,
bezweifle ich.

Den Gräbern meiner Mütter und dem Scharfsinn meines
Vaters habe ich je eine Zunge reserviert. Es bleibt
mir für mich selbst noch eine.

Ich sänge gern mit dieser letzten Zunge.
Dazu taugt sie nicht.
Auch wenn ich tief Atem hole, flüstert sie nur.

Großmutters Nase

Streng steht mir Großmutters Nase
und stumm im Gesicht
auf eine eigene hoff ich nicht mehr.
Großmutters Nase, sag ich, wie geht es?
Bist du noch da?
Dann so ein Schnauben, von mir,
der Großmutters Nase zum Schnauben benützt.
Für meiner Großmutter
unsterbliches Profil
bin ich der Unterschlupf.
Großmutters Nase zu tragen
und weiterzugeben makellos
bin ich bestimmt.
Atemziehend wittere ich das
mit Großmutters Nase.

Sonntagnachmittag

Den Wind schickt der See, die Schwäne
ans Land, die schweigenden Rätsel.
Zäh treibt ein Engel Familien heim.
In Segel wickelt sich der Wind

und schläft. Möwen lassen sich für Brot
photographieren. Schüchtern fragt das Hochhaus
ob es richtig steht. Trauer
rückt den Zeiger der Persiluhr.

Hinterm Vorhang stirbt pünktlich der Rat a. D.
Geblendet tritt das Brautpaar aus der Kirche.
Sie winkt die Schwäne her. Der Schrei
des roten Blutes schreckt den See, der Sonntag

springt in Stücke. Möwen nehmen
ihre Arbeit auf, tragen die blutende Stadt
in den Himmel. Der See ruft den Wind,
die Schwäne zurück, die schweigenden Rätsel.

Zum Muttertag

1.
Mutter Gottes ist ganz schön
aber meine Mutter würde sich das
obwohl sie was darstellt
einfach nicht zutraun.
Ich wäre begreiflicherweise
sehr glücklich, wenn sie sich
zu sowas entschließen könnte.

2.
Mir hängt ein Amulett am Hals
das gab mir meine Mutter
Ich sollte nie ertrinken.
Nun hat es sich vollgesogen
und zieht mich hinab.

Frühlingsschrift

Lippen, Finger, weite Betten, Fluren,
Bänder, Knie. Und vom Boden aller
Weiher steigen Feen, Dämpfe, Ober-
Bürgermeister. Eine Stimme, die
ein Amt hat, sagt: noch mal von vorn.

Über den silbernen Septembersee

Über den silbernen Septembersee gleitet
ein Katamaran. Die Möwen schreien
den Winter herbei. Ich bin verpflichtet
zuzuschauen, bis es anfängt zu schneien.

Postkarte für meinen Kollegen Kassandro

Der Schwan schwimmt immer
über seinem Bild
du gehst um deinen kalten Brei
herum. Schaust du zum Fenster
hinaus, kriegst du Hustenreiz.
Der Schwan schwimmt immer
über seinem Bild.

Nußdorf, 15. März 1990

Das Leben als Stimmung

Ich liebe den Leerlauf des Winds
durch die Bäume, das Rauschen
für nichts. Mich ergreift die Eitelkeit
der Wolken, die den Augenblick
beherrschen wie für immer und
dabei vergehen.

Rudere noch in den Abend hinein,
lass die Hand im Wasser liegen,
nie mehr wird der Schein
dich so mit Gold aufwiegen.

Der See schaufelt Licht
durch die Bäume,
in das Haus strömt die Helle
wie ein Ereignis, wir leben.

Naturnotiz

Mit Harfenfingern spielt der Wind
auf mir, als gehörte ich
zur Natur und klänge.
Ich zünde das Zigarillo an
und huste ihm eins.

Handarbeit

Altgold, liebster See
schaust schön drein,
glänzest hold in d'Höh
gibst dem Herbst
ein Schein.

Bald bist violett
und uneingefasst
bald bist mein Bett
ich lege mich
wie's dir passt.

Föhn

Geschmolzenes Silber
liegt der Himmel im See
und tut uns im Kopf
und in den Augen weh.

Zletzschd

für Eduard Hindelang

Diafer dinn hoasch a Schbroach
dia schwätzsch mit kuom
die goaht dr noach
i dera bisch dahuom

Doa git as Setz
kia kaasch numma bruuche
Werter wia Kletz
ze denna muasch abeduuche

Dees hoasch vu disam, sell vu deamm
asa kleana kaasch no nea
I woaß no gnau vu weamm
i's ho, abr i kaa's kuom meh gea

Rückzug

Der graue Herbst entspricht mir sehr.
Im Nebel kann man schweigen lernen.
Solange ich noch Stimmen hör,
werd ich mich entfernen.

Hiesiger Lebenslauf

für Heinz Saueressig

Ich kann nicht ausholen
und abheben
der Schwung liegt in der Sonne und schläft
die Räusche aus von früher
die nicht auszuschlafen sind
Ich krieche dem Weizen nach in die Moore
den Mooren nach in die Wälder
dann fall ich mit Apfel, Birn und Kirsche
zwischen Hopfen hinab zum See
Ich murmle: Kultur. Ich flüstere: Klöster
Ich kicke die Zwiebel vom Kirchturm, der Kirchturm
versinkt in Hügeln vom Himmel getropft
Wir liegen alle schwer und voll Vertrauen
Uns geht es gut im schönen Land
Wir sind nicht zufrieden
Weidend in einer fetten Legende
schützen wir uns vor Liverpool Gelsenkirchen
den Kriegen des entwickelten Kapitalismus
mit dem Kranz der Wälder
deren schönes Schweigen
schöne Echos in uns weckt
Wir haben immer ein süßes Jenseits zu Gast
barock streckt der Tod den Tanzfuß
semper durch gekonntes Gewölk
mitten im Tode sind wir vom Leben umfangen
hier herrscht hohe Huld

hier stirbt man spät und unvollendet
Wir gehen aus vom Winter
dem mit Kachelofen und Eisblumenblühn
Gesichter stoßen sich hoch mit Gesang
wir schlagen los mit der Pritsche
und tun heuchlerisch mit Asche und Fisch
durch die violette Kirche singt
eine Frauenstimme wie aus Licht
dass wir ein für alle Mal verloren sind
vor Scham pervers
unseren Witzen wächst kein Bart
jetzt wären wir also Christen
Und kommen nicht fort
weil die Hügel uns belagern
weil uns die Blüte Wochen kostet
die Kirschen uns Augen machen
der Sommer uns umhaut und umarmt
der September uns die Ohren vollorgelt
der Oktober grell kassiert
der Säntis mit Drei Schwestern sein Theater treibt
Veranstaltung um Veranstaltung reißt
unsere Köpfe um die nasse Ellipse
du bist außer dir
wir sind außer uns
wir leben hier als Benommene
der Föhn reißt Risse in den Traum
dann schließt der Nebel alle Poren
Rosen sehen im November aus wie Wunden
aber schon starten die Kerzen ihren Schwindel
wir drehen uns
sinken im Korkenzieherschwung

in das Kristallkissen der letzten Nacht
wir liegen arg und eben
wieder eine Seele verduftet
Holldrio holldrio
Sankt Dornier hol mich doch
mit dem Hubschrauber in den Himmel hoch
für den uns Pfarrer Dillmann trainiert hat
und schmück deinen Hubschrauber mit Winterschilf
und bestreu den Startplatz mit halbmondförmigen
Zehennägeln die eine Mädchenklasse
bitte stiften soll Holldrio holldrio
Ach lass es Sankt Dornier
Pfarrer Dillmann ruhe unblamiert
wir sinken schon aus eigener Schwere
abwärts mit Sankt Barbara
durch Geweide und Eingeweide
bis wir drunten sind beim rohen Öl
und es um uns vermehren
Endlich zufrieden
weil wir nützlich sind jetzt
und mehr Wärme geben
als wir geben konnten
als wir noch droben lebten
im scharfen Licht
des Oberlands
Holldrio

Ernte

Bauern leeren, zur Erde gebeugt
den Acker fürs Wintergeschick.
Kühe stehn auf dem Weg
im Geschirr ohne Zeit
Fliegen lassen sie
aus den ruhigen Augen trinken
jedes Jahr neue Generationen.

Sauber liegt das Gesicht
im Wasser auf Grund
zu besichtigen sonntags
von der Brücke, bei Sonnenschein.
Kommt ein Wind auf
lächelt es.

Unsere Haare sind gezählt
wir zahlen mit ihnen den Sommer
nun, als hätten wir genug
für den Winter
obwohl wir die Temperaturen
nicht kennen.

Salem hat die Ebene
Jerusalem den Berg.
Meine Katze hat die Nächte
und ich renne mir voraus
als wüsste ich, dass ich mich verfolge
in die Ebene, bis es Nacht wird
bis ich gegen die Berge renne
mich umdrehe und mir
mit Furcht entgegensehe.

Dein Mund.
Der See.
Die Sonne.

Ein Franziskaner singt.
Fußgänger bleiben mit Schicksal stehen
die Vögel flüchten geblendet.

Ich bin ein Onkel am Bodensee
Kinder turnen in meinen Ästen
schon sorgen sich Eltern
weil den Kindern Flügel wachsen
wenn sie mein Lidschlag trifft.

Auf dem Boden
dieses Sees
haut einer
und einer weint,
der Zuschauer überlegt es sich.

Wie viele
Seepferde
springen in deinem See

Ideal

Unten hocken auf dem grauesten Grund,
froh sein, wenn das Leben,
der zermalmende Kiel, vorbeizieht,
schluchzen ein bisschen und grinsen,
eine Pflanze sein, die keinem schmeckt.

Es ist
wenn man
z. B.
an einen anderen Tod
das wäre vielleicht leichter
weil sie da wäre
sie wäre zu sprechen
aber jetzt ist niemand zu sprechen
wenn ich sprechen will
über sie
Kinder nicht
niemand
nur ihre drei schweren Geschwister.
Siebenundsechzig Jahr
dann darf ich kaum fünfzig werden
wenn so mit mir umgegangen wird, dann …

Am Bodensee
mitten ins Schwarze
trifft aber auch alles
was fällt
abwärts geht's sicher
kann überhaupt nichts
passieren
bloß keine Sorge
schau schon
bist du da
das Dunklere gibt mir.

Möchte vergangen sein wie Schnee,
mitgeteilt dem See,
viele Male gefroren, viele Male getaut,
abwesend ohne Laut.

Sonne und Wind spielen mit Bäumen,
der See stellt sein Rauschen dazu,
großer September, dir das Denkmal zu bauen,
dass du nicht ungerührt vergingst.

Ich schwimme im Regen
unter den hellen Bäuchen
der Schwalben, die stumm
ihre Bahnen übers Wasser
schwingen.

Die Bäume stehen im Regenglas.
Die Rosen trauern nass.
Von den Zweigen tropft es weise.
Der Himmel ist mein Grab.

Wenn ich am Wasser stehe,
die klaren Kiesel lese,
mehr ist nie.

So fremd wie ich ist mir keiner.
Warum kann ich mich nicht in Ruhe lassen.
Du bist aufdringlich, hörst du.
Der See gleißt immer nur da, wo man selber hinschaut.

Trockene Ruten des Winterstrauchs
knabbern. Wo sie sind, beben die Blätter
im Wind. Täglich keine Geschichte.
Der See rauscht, der Analphabet.
Ich glaube nicht, was ich sehe.

Immer fliegen im Jahr
mit seufzenden Schwingen
die Schwäne vorbei.

Auf dem dunklen Wasser Abendgold,
der Rand der Erde ruht. Es zeichnet
der Mond sich aus im farblosen Blau.
Im leeren Strandbad zählen sich die Trauerweiden.
Linden bangen um ihren Laub. Die nackten Boote
an den Bojen starren auf ihr Bild. Lieber
verdürb ich hier, als dass ich auswärts gedieh.

Silbern fließt der See durchs Licht.

Wie eine Rüstung gleißt der See dem Winter am Leib.

Feierlich, Sonne und Glanz,
unbefragbares Himmelsblau,
der Schnee ruht weiß, der Wetterstreit
ist aus, der Winter hat uns ganz.

Der Engel des Herrn macht Termine,
die Winde pflegen das Eis,
fallen lernen wie die Nüsse,
Freundschaft noch mit Bäumen,
Fisch und Vogel senden die Grüße.

Zuruf

Lass doch den Schmerz.
Übrigens meistens
die Lösung das Wasser.

Keine Melodie ist mein
keine Flagge
die Vögel ächzen
als trügen sie die Welt
ich bin Herr
über kein Geheimnis.

Ich konnte zuerst kein Kursbuch lesen
jetzt komm ich an wie geplant
unterwegs weiß ich nicht
fahr ich hin oder zurück

Wie Sorgen hängen letzte Haare
mir über die Stirne
deren Furchen mir die Sonne
zweimal jährlich bräunt.

Ich teile das grüne Glas
des Sees und schwimme
den Perlen nach und frage
ob das Glück sei.

Wenn man mich blind in tausend Seen würfe
den kennte ich immer
geliebter See, der das nicht weiß.
Mit dem Haubentaucher-Pärchen schwimmen.

Ich liege
auf der grünen Lippe
des Sees

Wenn ich eine Säge in einer gewissen
Entfernung höre, bin ich sofort daheim.
Daheim bin ich im Jahr 1935 mehr als in
jedem anderen Jahr.

Von wem spricht das Licht?
Schwarzblau die ersten Hyazinthen
dümmlich blau die Primeln
skrupellos gelb die erste Osterglocke
die Zeit des Krokus ist vorbei.
Käthe sagt: Während du fort bist, kommen alle Blätter
heraus.
Und weist auf die grünen Zweigspitzen überall.

Der See rauscht sanft,
er weiß, dass Sonntag ist,
glitzernde Schnüre Gesangs
ziehen die Vögel durchs Gras,
die Nähe füllen Hummeln und Bienen.

Die Berge schwimmen im Blau,
von steilen Flanken leuchtet Schnee,
die alten Eichen schimmern grün,
aufgeregt antwortet allem der See.

Wie viel Silber zaubert der See
aus der Kreide des Mondes,
wie leer darf man sein
und doch noch klingen.
Draußen tobt das Geschäft
Fortpflanzung.

Stünde ein Wort am Ufer und überlegte,
wohin es, falls das Wasser steigt,
schwimme, hieße das Wort vielleicht
BALD.

Dezember füllt den Garten mit Schnee
und mit Vögeln
es freut uns sehr dass ihr herkommt
bunte Vögel ihr Blumen des
Winters

Wohin jetzt
so zu spät?
Das könnte ich und das auch
über der Stadt Kreise ziehen.
Aber über mir nicht.
Es ist jetzt nicht mehr
so überraschend ich bin
jetzt schon fast daran gewöhnt
dass jeder seinen Grund
findet gegen mich.

Hier:
Trauben über gelben Feldern, alle Gräser
fromm und frei, in den Trögen schlürft's
Wasser: nirgends wäre ich lieber, wenn's
überall so wäre wie hier.

Im Haus schwimmt ein Klavierkonzert,
draußen treibt der leichte Schnee,
das muss ich, bevor's vorbei ist, aufschreiben
und sagen, dass es Sonntag sei.
In meiner Brust blüht eine Bisping-Rose,
ich bin am liebsten fern von mir
und esse eine Herbstzeitlose,
serviert auf dem Klavier

Draußen rauscht die Sonne
durch die grüne Welt
ich lieg in meinem Kopfe
in einem weißen Zelt.

In den Bäumen wohnt nichts.
Der See ist verlassen. Fahnen
zu hissen ist uns zu schwer.
Wir atmen den Glanz ein
des Wassers und schweigen.

Kein Feld reicht weit
kein Hügel will höher sein
als der andere. Alles ist
süchtig nach Bemessenheit.

Auf breiten Sträuchern kochen Mückenschwärme
die schwere Luft trägt Glockenschläge
her von wo keine Kirchen stehen
die Rosen lauschen überrascht
der Seewind silbert die Weiden
wirft Tropfen an die Scheibe
jeder Busch ist seine Orgel
dem Jasmin bläst er das Leben aus
er versucht das Haus

Hell klingt der Kies von Schritten
das Wasser löscht den Klang
der Wind erhält ein Brausen
ich bin der Schmetterling

Morgensilber dringt vom See
durch Luft und Land
die Sonne löscht es aus
und restauriert die alten Farben

Der See ist eben. Ein ewiges Licht
dringt heute aus allem. Man sieht
den Wolken in ihr Weiß

Der *Bodanrück*, ein dickes Dunkel,
drüber ein roter Rost vom Tag,
weiter will ich nicht sehen,
komme, was mag.

s'Wasserburger Johr – wia'n as amol gsi isch

Fir d'Johrgänger

D' Wiber rutschand vum Rorate huom,
de Häfele härat: Fliegand bloß it na,
de Schmied Hans grännat, huot pressiert as kuom,
de Waibel luagat, ob ma fahra ka.

Bem Schäfler hosch de Kegel dreha loa,
de Schmied Frei hot de Ring drum gmacht,
etz kaasch woalle i d'Bucht abegoah,
do schdond scho schducka sechs odr acht.

Iskegla, Schlidda odr Kaateschbilla,
mit'em Hege Sepp i de Reschtratioa.
Peterers duond de Schnaps abfilla,
de Taubeberger blibt bi de Gierere schtoah.

D' Fasnachtsbutze bröland, ieberall heersch 's klepfa,
Weberhannese Johann macht us Schnee an Elefant,
Helmers Franz duot Gickeler kepfa,
Frommknechts Irmgard wirf an Ball a d'Wand.

Hurawinter, mach dass furtkummsch etz,
z'Wasserburg kaasch etz numma bliebe,
aalls isch g'flickt, an jede Irmel hot sind Bleatz,
d' Bemm sind gschdutzd und wend etz driebe.

An Oschtra isch alls grie und geal,
de Pfarrer muont, etz heie m'r' gwunne,
de Beck Werner bruucht an Hufe Meahl,
Sempers Robert blinzlat i d'Sunne.

Im Moos siehsch Friedls Buaba froscha,
bei Doktors duot ma Deppich klopfa,
de Dulle rupft a Blättle vum a Bosche,
d'Mädlen schtond vor d' Schbiagl und duond zopfa.

De Höscheler hot de Maialtar gricht,
etz ka de Grübel Anton singe,
de Späthe Karl wird blau im Gsicht
uomol wedd er halt de Goppler zwinge.

Im Summer macht ma große Schritt,
muont wunder was und roiflet
barfuß d'Maiehalde rab, as git
Kriase grad gnua und s'Geld wird g'häuflet.

Im Buabebad brennt's Feierle,
unterem Häs kummen wieße Liebr rus,
de Walter huckt uf'm Meierle,
der will Pfarrer wera, der ziat se it us.

D'Nächt sind heall, jeds Feanschtr offe,
de G'sangverein duot grad wia wild,
i so'ra Nacht isch amol uine vasoffe,
de letzschde Wunsch hot ihr de Valentin erfillt.

Uf de Huinze hangat zletzschd de Summr,
i de Pappla sammland se d' Vegl zum Goah,
bei Pfeffers dean glitzgat no a gotzige Gugummr,
mir muond etz halt vum Summr loa.

Epfl gond und Riabe kummen,
Zurna und Krätta hond Saison,
de Kriagerverein sorgat fir die Stummen,
de Julius fir de Posauneton.

Gmoschdat isch, mir wearend it vaduarschde,
de Meßmer Done metzgat d'Su im Kär,
der bießt de Spaga ab bem Wuarschte,
de Holzmann Sepp zoagat an Muschkl her.

Mir winterend i, wia wemm'r nia meh Friahling hetten,
d'Schoafkopfer fangend friaheer a am Samsdag etz,
d'Schiff im Neabl duond, wia wenn se blära däten,
etzt mit'm Kohlehändler Krach ho, des wär leatz.

As wird afange gar numm Daag,
s' Lenele schiabt no's Bleatzlebleach i's Rohr,
denn gruabat ma, hoschduabat, was as liede mag – ,
so isch as gsi, amol, des Wasserburger Johr.

Etz schwätze m'r halt davu, wia'n as gsi isch,
woasch no, de Wanger, de Küafer, de Beck,
se huckend numm dinn am runde Disch,
i ka se riabig riafe, i glaub it, dass i no uin weck.

69

Nachbemerkung

Das Schreiben von Gedichten gehörte für Martin Walser von Beginn an ganz selbstverständlich zum Kosmos seines vielfältigen Schaffens dazu. Romane, Erzählungen, Essays, Theaterstücke und Gedichte – es gibt keine literarische Gattung, in der er nicht äußerte. Doch er wusste stets, dass er als Lyriker eher klassisch als modern, eher traditionell als stilbildend war. Deshalb hat er sich nie wirklich zur Veröffentlichung von Lyrik in einem eigenen Band entschlossen. Die Vierzeiler in »Der Grund zur Freude« (1978) nannte er nicht »Gedichte«, sondern »Sprüche zur Erbauung des Bewusstseins«. In Zeitschriften und Anthologien erschienen seit den 1960er Jahren aber immer wieder Gedichte von Martin Walser. In letzter Zeit auch eingestreut in Prosabände und Romane. Erst 2021 versammelte der Autor rund 140 meist kürzere Gedichte in dem Band »Sprachlaub oder Wahr ist, was schön ist«. Wobei er den Begriff »Gedichte« nicht verwendet. Stattdessen wird im Klappentext von »Augenblickspoesien« gesprochen.

Nun legt er eine Sammlung von lyrischen Texten, nennen wir sie ruhig Gedichte, mit regionalem Bezug vor. Dort geht es um Walsers Lebenslandschaft, den Bodensee, um die Stimmungen, die diese Gegend evoziert, und um das, was sie mit ihren Bewohnern macht. Aber es geht auch um Martin Walsers Herkunft, um seine Wasserburger Jahre mit den Eltern und Geschwistern. Sein intensives Heimatgefühl äußert sich beispielsweise in den Zeilen »Daheim bin ich im Jahr 1935 mehr als in / jedem anderen Jahr«.

In den knapp 50 Gedichten dieses Bandes nimmt Martin Walser eine lyrische Vermessung der Bodenseelandschaft vor: »Kein Feld reicht weit / kein Hügel will höher sein / als der andere. Alles ist / süchtig nach Bemessenheit.« Und er tut das mitunter so virtuos, wie er es auch als Prosaautor in unzähligen Büchern zelebriert hat; so scharfsinnig und poetisch zugleich, dass es den Lesern ob der Schönheit der berühmten Walser-Sätze fast schwindelig werden kann. Manche seiner Bodensee-Gedichte darf man neben die besten Hervorbringungen seiner Kolleginnen und Kollegen stellen.

Martin Walsers hiesige Gedichte sind ein literarischer Schatz, der lange darauf gewartet hat, aus den Tiefen des Bodensees ins Licht der Öffentlichkeit gehoben zu werden. Hier spricht ein klassischer Dichter in reinster Ausprägung; einer, der über sich sagt: »Nirgends wäre ich lieber, wenn's / überall so wäre wie hier.«

Klaus Isele

Inhalt

Naturnotiz / Handarbeit / Föhn / Zuruf aus: »Heimatlob. Ein Bodenseebuch von André Ficus und Martin Walser«. Verlag Robert Gessler, Friedrichshafen 1978

Zletzschd / Rückzug / Hiesiger Lebenslauf / s'Wasserburger Johr – wia'n as amol gsi isch aus: Martin Walser: »Heilige Brocken. Aufsätze. Prosa. Gedichte«. Drumlin Verlag, Weingarten 1986

Biographie / Großmutters Nase / Sonntagnachmittag / Zum Muttertag / Frühlingsschrift / Über den silbernen Septembersee / Postkarte für meinen Kollegen Kassandro / Das Leben als Stimmung aus: Martin Walser: »Zauber und Gegenzauber. Aufsätze und Gedichte«. Edition Isele, Eggingen 1994

Ernte / Sauber liegt das Gesicht / Dein Mund / Ich bin ein Onkel am Bodensee aus: Martin Walser: » Leben und Schreiben. Tagebücher 1951-1962«. Rowohlt Verlag, Reinbek bei Hamburg 2005

Auf dem Boden / Wie viele Seepferde / Es ist / Am Bodensee / Dezember füllt den Garten mit Schnee / Wohin jetzt / Hier: / Im Haus schwimmt ein Klavierkonzert / Draußen rauscht die Sonne aus: Martin Walser: »Leben und Schreiben. Tagebücher 1963-1973«. Rowohlt Verlag, Reinbek bei Hamburg 2007

Dem an seinem Ufer / Keine Melodie ist mein / Wenn man mich blind in tausend Seen würfe / Ich liege / Wenn ich eine Säge in einer gewissen Entfernung höre / Von wem spricht das Licht? aus: Martin Walser: »Leben und Schreiben. Tagebücher 1974-1978«. Rowohlt Verlag, Reinbek bei Hamburg 2010

In den Bäumen wohnt nichts / Kein Feld reicht weit / Auf breiten Sträuchern kochen Mückenschwärme / Hell klingt der Kies von Schritten / Morgensilber dringt vom See / Der See ist eben. Ein ewiges Licht / Ich schwimme im Regen / Wenn ich am Wasser stehe / So fremd wie ich ist mir keiner / Trockene Routen des Winterstrauchs / Immer fliegen im Jahr / Auf dem dunklen Wasser Abendgold / Silbern fließt der See durchs Licht / Feierlich, Sonne und Glanz aus: Martin Walser: »Schreiben und Leben. Tagebücher 1979-1981«. Rowohlt Verlag, Reinbek bei Hamburg 2014

Möchte vergangen sein wie Schnee / Sonne und Wind spielen mit Bäumen / Ideal / Rudere noch in den Abend hinein / Der See rauscht sanft /Die Berge schwimmen im Blau / Wie viel Silber zaubert der See / Stünde ein Wort am Ufer / Der See schaufelt Licht aus: Martin Walser: »Spätdienst. Bekenntnis und Stimmung«. Rowohlt Verlag, Reinbek bei Hamburg 2018

Der Bodanrück aus: Martin Walser: »Sprachlaub oder Wahr ist, was schön ist«. Rowohlt Verlag, Reinbek bei Hamburg 2021

ÜBER DEN AUTOR

Martin Walser, 1927 in Wasserburg geboren, lebt als Schriftsteller in Nußdorf bei Überlingen. Zahlreiche Buchveröffentlichungen und Literaturpreise.